La belleza es verdad y la verdad belleza.
Es todo lo que necesitas saber en la tierra.

John Keats

Senté
a la belleza
para injuriarla,
pero ebria y sorda se ha dormido
en mis rodillas.

Tomás Salvador González

© José Luis Puerto, 2024

Dirección editorial:	Héctor Escobar
Director de la colección:	Gustavo Martín Garzo
Fotografía de cubierta:	José Ramón Vega
Diseño de la colección:	Miguel Riera
Maquetación:	Alberto R. Torices

ISBN: 978-84-10057-57-9

Dep. Legal: Le. 321-2024

Impreso en España — Printed in Spain

José Luis Puerto
La belleza de **la huella**

De la belleza (20)

José Luis Puerto

La belleza de **la huella**

EOLAS EDICIONES

ÍNDICE

El origen es la meta.

Karl Krauss
(a través de Walter Benjamin)

escribo en un rincón apartado del reino, en una
casita retirada

Laurence Sterne

Entonces descendió a su memoria, que le pare-
ció interminable, y logró sacar de aquel vértigo
el recuerdo perdido que relució como una mo-
neda bajo la lluvia

Jorge Luis Borges

Aquel que siempre está buscando la aparición
de una luz, sin saber a ciencia cierta dónde va
a surgir

Walter Pater

Si tuviera que pedir un anillo, elegiría la ins-
cripción «nada desaparece». Creo que nada
pasa sin dejar huella y que cada uno de nues-
tros pequeños pasos interviene en la vida pre-
sente y en la futura

Antón Chéjov

Hay infinitas vidas que no dejan huella. Y hay
huellas que no han sido estudiadas. ... Poder
dejar huella ha sido un privilegio social

Carlo Ginzburg

EXPERIENCIA DEL AURA

He vivido en el aura. Y en la pobreza.

Durante toda mi niñez, las cosas, por humildes que fueran, estaban tocadas por una belleza antigua que las investía de una sacralidad que infundía respeto y que otorgaba protección.

De ahí que todos adoptáramos, en nuestro uso de ellas, un trato marcado por el respeto. Y tal actitud las conducía a la duración.

Las cosas eran duraderas. Se transmitían de unos a otros. Se apreciaban. Se poseían como tesoros. Ya que portaban un misterio cuyo sentido se nos escapaba, pues nos sobrepasaba siempre, al proceder de un pasado nebuloso que se proyectaba hacia un futuro dentro de la estela de las incertidumbres.

Y aquella aura de la que todo estaba investido, y aquel misterio que traspasaba todo, hacía que nuestro trato con el mundo adoptara los rasgos de una ritualidad, como una de las formas que toda celebración para ser tal necesita.

Había ritualidad al encender la lumbre cada amanecer; al cargar las caballerías con haces o banastas; al recitar las oraciones en el crepúsculo vespertino; al amarse en el sagrario de las alcobas; al entonar en la escuela la tabla de multiplicar; al ofrecer los frutos a la santa imagen femenina en la fiesta mayor; al comer en torno a la mesa, participando todos de la cazuela común; al realizar las labores y los trabajos…

Había ritualidad en todos los momentos del existir, porque todo se hallaba marcado y atravesado por el aura.

Y, tras haber vivido de tal modo a lo largo de toda mi niñez, Walter Benjamin, en mis años universitarios, llegaría a susurrarme al oído, a través del silencio de algunas de sus páginas, el sentido de todas aquellas vividuras.

Para el pensador judeo-germánico, sería el aura «la manifestación irrepetible de una lejanía (por cercana que pueda estar)».

«Es de decisiva importancia que el modo aurático de existencia de la obra de arte jamás se desligue de la función ritual».

Aura. Lejanía. Lo irrepetible. Función ritual. Valor cultual…

Todo aquello que, desde niño, amo. Pues la belleza se me mostró, ya desde el principio, a través de tales códigos. De ese hondo oficio de inocencia. De ese ritual de la inocencia.

(las melodías de lo próximo)

Todo se halla muy cerca. Ahí. Junto a nuestra morada. Hasta las lejanías.

Todo se halla en espera de que lo detectemos y abordemos, siempre desde la perspectiva del amor.

Pero cuánto se nos escapa. Cuánto nos pasa desapercibido. Como si alguna interferencia nos apartara de las melodías que más nos importan. Y quedan ahí ignoradas, dormidas. Como sin despertar. Como músicas no oídas.

Como músicas que pertenecen al corazón del mundo. De las que participamos, aun desde nuestra ignorancia, pues ni siquiera las llegamos a conocer. Como para ni siquiera comprenderlas…

Sin embargo, hay algunas… que se hacen nuestras, que terminan latiendo en nosotros, que pasan a formar parte de la corriente sanguínea de nuestra alma.

Y algunas de ellas… ahí van, ofrecidas, verbalizadas con torpeza. Como rosas de un sueño.

…Porque siempre nos ha acompañado el lorquiano sueño de aquel niño que quería cortarse el corazón en alta mar.

SACRAS

(sacras)

Un pequeño rótulo de papel, adherido a uno de los azulejos de la cocina de nuestra casa, reza: «las cosas más importantes de la vida no son cosas». Es verdad.

Pero hay cosas que, debido a su función, a su uso, a su transmisión, a su forma, a su materia, a su compañía protectora, al valor simbólico que han ido adquiriendo para nosotros…, terminan convirtiéndose en verdaderos *sacras*.

Terminan investidas, sí, de sacralidad. Por ello, son *sacras*. Lo hemos ido entendiendo a lo largo de nuestro existir. Se nos ha ido imponiendo. *Sacras* protectores, sanadores, acompañantes, con función de talismanes, como asideros en nuestras desorientaciones, zozobras, dudas, miedos, vértigos, incertidumbres.

Tales *sacras* funcionan como faros orientadores, como llamas que iluminan las direcciones de nuestros itinerarios. De ahí que, cuando percibimos que determinadas cosas que nos acompañan, que nos protegen, que nos consuelan…, se han convertido en *sacras* para nosotros, las portamos con nosotros, las conservamos, las colocamos en lugares significativos, las transmitimos, porque se hallan investidas de una sacralidad que les ha otorgado el transcurso del existir.

Las cosas más importantes de la vida lo son porque han terminado convirtiéndose en *sacras*, porque han terminado investidas de significaciones que sobrepasan su mera materialidad.

Y son como rama de oro que guían nuestras andanzas a través de las diversas marejadas del existir.

(arpillera)

Se encuentra ahí, a modo de cortina pobre, para defender la ventana de las curiosidades externas, o acaso para aminorar la luz de la calle. Cuelga esa arpillera en la ventana de la memoria de la niñez. Sus cuerdas ásperas y de un marrón claro, apenas apretadas en sabe Dios qué telar, configuran unas geometrías que te hechizaban, pues en ellas intervenía la luz, se filtraba la luz a través de sus oquedades.

Y la aspereza de las cuerdas —porque, ¿cómo podrías denominarlas hilos, si se hallaban en el escalón más bajo de lo humilde?— más la geometría hechizada de aquel textil pese a todo tan hermoso, acompañó tu niñez de un modo protector.

Pues ahora percibes con claridad aquella melodía silenciosa de la arpillera, defendiendo el espacio de la ventana que daba a la calle, pero también y sobre todo protegiendo tu precariedad, vuestra precariedad, como talismán frente a cualquier peligro, como belleza de lo frágil y también de lo más humilde.

La madre, a partir de los sacos que albergaban la pulpa que se echara a los cerdos, aprovechaba aquellas arpilleras y las dignificaba como podía, haciéndolas subir un escalón, de la cuadra a la ventana del campocasa. Y allí ignoraba ella cómo a uno de sus hijos aquella arpillera suspendida iba a ejercer tal fascinación sobre uno de sus hijos.

Con el paso del tiempo, descubrirías que aquella arpillera seguía colgada de la ventana de alguna de las estancias de tu memoria. Y que se había convertido en un verdadero *sacra*, en un objeto sagrado y protector para ti, con esa fascinación que ha ejercido y que sigue ejerciendo en tu vida todo lo humilde y lo precario, todo aquello que convive con el ser humano a ras del suelo.

Pero no solo sería la madre quien dignificara aquella arpillera, dándole un uso en la casa. Sino que, también en aquellos años, como después descubrirías, algunos artistas de tu país utilizarían las arpilleras como soporte de sus creaciones plásticas, sobre todo Manuel Millares. Cuando contemplas alguno de sus cuadros, llegas hasta la significación de una sustancia muy honda que sabes de dónde procede, pues conviviste con aquella arpillera que tanto te fascinara.

Las geometrías tan humildes de aquella arpillera te daban ya noticia muy temprana del orden del mundo, de un cosmos del que se encuentran constituidas todas las cosas, a poco que nos fijemos en ellas y que las abordemos con piedad y simpatía.

(platero)

Duermes en la alcoba, en una cama grande, junto con el abuelo. Vive solo en la casa y el asma marca el ritmo de su respiración. La luz está encendida. Estás despierto. Y te dedicas, mentalmente, a recorrer el día, todo lo que has vivido, las aventuras en las que has participado.

Terminas contemplando el platero que se halla empotrado en la sala a la que da la alcoba. Alineados, en los distintos anaqueles, los platos antiguos exhiben una belleza que solo llega a tener su cumplimiento si alguien entrega su contemplación a las representaciones de las lozas.

Terminas contemplando el platero. Las policromías de los platos del ciprés, o las de alguna representación de aves o de animales montaraces. El azul cobalto que soberanamente se impone en los platos de la golondrina y de las palmas, o en el de ese avispado conejo en el centro del círculo, protegido por cenefas de helechos.

Y comienza tu ensoñación. Acaso provocada por la belleza de la jarra decorada con la planta y la flor de la adormidera, con una explosión de colores que invitan a la ebriedad. Esa jarra que habrá contenido el vino de las bodas, que habrá intervenido en todos los rituales campesinos en los que la celebración es exaltación del mundo.

Te parece estar ante un jardín antiguo, ante un jardín que explica un mundo que ya se te escapa. Plantas, animales, figuras humanas a caballo, gentiles damas representadas en el espacio de los círculos, como en cosmos protector. No sabes todavía que ese jardín terminará alcanzando los territorios de tu memoria y terminará actuando en ti para ser protección y sentido, para ser melodía y silencio, para ser espacio configurador de un cosmos que el existir te ha regalado.

Y terminas durmiéndote. El abuelo se pone en el arranque de su brazo, en esa hermosa masa muscular curvada, la inyección de adrenalina, para protegerse de los accesos del asma. Rezáis las oraciones, los fascinantes romances religiosos de historias antiguas. El abuelo acciona la pera. La luz se apaga. Y comienza la aventura del sueño.

(rescates)

Qué delicia la de descender todos los peldaños de las escalas humanas y bajar hasta lo más hondo, donde se hallan los seres más humildes y más desatendidos, también los más despreciados: gitanos, negros, moros, españoles pobres...

Es lo que realizas, domingo tras domingo, cuando acudes al rastro, en busca de libros que, como ángeles caídos de los anaqueles domésticos, terminan con las alas quebradas en los puestecillos, en busca de algún destinatario que los rescate y los devuelva a nuevos vuelos.

Esta mañana, das con una edición de tu admirado Azorín, *El buen Sancho*, editado en 'La novela del sábado', con el número 46, en 1954, un año después al de la fecha en que tú nacieras.

No conocías esta pequeña narración, en la que el autor levantino despliega todo su mundo, ese mundo de pequeñeces, de observaciones sutiles, de valoraciones estoicas del estar en el mundo, que proceden de una sabiduría que le llega desde el mundo antiguo a través del Mediterráneo.

Adquieres el ejemplar por apenas una escuálida moneda. Lo guardas. Deseas llegar a casa para leerlo. Devaneas por la avenida en que se asientan los puestecillos del rastro. Percibes esa abigarrada hermosura de que hablara Gerard Manley Hopkins. Te recreas en ella. Contemplas esa realidad desatendida a través de esa mirada impregnada de simpatía virgiliana.

Y te sumerges en la dicha del tiempo, en ese placer íntimo de transitar, de caminar, de contemplar… y de hacerlo sin pragmatismo alguno. Como mero acto de existir, de ser, de estar en el mundo con tantos dones de los que tantas veces no somos conscientes.

Llegas a casa. Abres el libro. Comienzas a leer. *El buen Sancho*. Azorín te propone una ética y una estética. Van siempre de la mano. Han de ir siempre de la mano. Como también esa tríada de verdad, bondad y belleza, que, desde los escolásticos llegara hasta John Keats.

Y Azorín le va diciendo al oído de tu corazón: «La sencillez es lo supremo. Lo supremo en la vida y en el arte». Y continúa su melodía verbal, que va camino de tu telar más íntimo: «—Pero el ápice de la sencillez es la pobreza». A lo que apostilla: «Somos pobres y nos sentimos desligados de todo».

¿Cómo no relacionar sencillez, arte, vida, pobreza, desligamiento de todo... con ese espacio humildísimo del rastro y de las gentes que lo hacen posible? Te quedas reconfortado por las palabras del escritor, por la experiencia de la mañana, por ese humildísimo ejemplar, ángel caído, al que has rescatado para un nuevo vuelo, que comienza en esta página.

(campanas)

Vivimos en el silencio de las campanas, en la desaparición de las campanas. Ya no se escuchan en nuestro mundo, en nuestras ciudades. Ya ha desaparecido ese tiempo diario, pautado por sus sones.

El toque de amanecer, para anunciar el día y salir a la aventura de la existencia. El toque de mediodía, para el ángelus; interrumpiendo el trabajo y la labor por unos minutos, con el fin de entonar la plegaria en momento cenital de la luz. El toque de oscurecer, para recogerse en las estancias más íntimas de la morada.

O los toques de fiesta, con la solemnidad de los repiques gozosos, cuyas resonancias se prolongan hacia todos los puntos cardinales. Y hacen exclamar a las gentes de los pueblos vecinos: «—¡Están de fiesta!».

O también esos otros fúnebres, de anuncio de la muerte, de acompañamiento de los restos mortales, para expresar la despedida última, para acompañar, paso a paso, con gravedad y silencio, el féretro hasta la sepultura.

Qué sería de Europa sin las campanas, sin los toques de campanas. Lo supo ver muy bien el holandés Johan Huizinga, quien, en *El otoño de la Edad Media*, llegaría a decir: «Todas las experiencias de la vida conservaban ese grado de espontaneidad y ese carácter absoluto que la alegría y el dolor tienen aún hoy en el espíritu del niño».

«Las campanas eran en la vida diaria como unos buenos espíritus monitorios, que anunciaban con su voz familiar, ya el duelo, ya la alegría, ya el reposo, ya la agitación. ... Se sabía lo que significaba el tocarlas y el repicarlas». «La vida seguía ostentando en más de un aspecto el color de la leyenda».

Y, así, siglo tras siglo. Las campanas resonaban en el corazón de las gentes. Sus toques y repiques les transmitían diversos estados emocionales. Y había una concordancia, marcada por el resonar de las campanas, entre los seres y humanos y el mundo que les había tocado habitar.

Pero llegó el momento en toda Europa en que los sones de las campanas fueron sustituidos, imperceptiblemente, por los del trabajo, por el de las herrerías, por el de las fábricas, por el de los motores, por el de los artilugios a través de los que nos trasladamos, abrumando con nuestras masificaciones las melodías del mundo.

Antonio Machado llegó a captar esas transformaciones y, en el elogio «A Don Francisco Giner de los Ríos», lo supo expresar muy bien: «¡Yunques, sonad; enmudeced, campanas!».

Pero él estaba, con tal verso, reivindicando la dignidad de la ética del trabajo, de las gentes humildes, frente al poder de los clérigos y de tantos mandamases que asolaran Europa y que acogotaran a las gentes humildes, a los campesinos, a los artesanos, a los pobres pastores de ganados, a los que viven por sus manos.

Vivimos en el silencio de las campanas. Guardamos la memoria de sus toques. A través de ellas, nos ha sido transmitido el carácter ritual que llegan a tener todos los estados de ánimo que, como distintas melodías, nos acompañan durante el transcurso de nuestro existir.

(la copa de cristal)

Vedla ahí, en la alacena, presentada, a las miradas
expuesta. La copa de cristal, con su pie circular
para el asiento y su cintura tan delgada, antes que
el propio vaso se al aire se eleve, para que unos
dedos por su talle la prendan.

Más allá de ello, su imagen pura, esa silueta
llena de armonía, aparentemente frágil, mas conseguida…, se ofrece a la mirada, por si consiguiera
purificar el corazón y el ánimo de quien la contempla.

Acaso nunca se haya creado para contener
líquido alguno, ni para saciar esa sed perentoria,
que se calma meramente con un sorbo de agua.
Sino para albergar lo invisible, lo aéreo, ese no sé
qué, que cuando lo intuimos nos apacigua y calma,

nos serena y nos devuelve a un estado de serenidad que siempre perseguimos.

La copa de cristal. Se encuentra ahí, en una de las repisas de la alacena, con puertas cristaleras, junto con otros cacharros de loza que están detrás de ella. Como si su materia transparente, conseguida y lograda fuera la avanzadilla de esa suerte de bodegón de cacharros ofrecido a la contemplación de quien se adentre en la estancia en que se encuentran.

Y constituye un hechizo para la mirada, que se queda en suspenso y como en arrobamiento, cuando descubre la figura de esa copa que atraviesa el tiempo, que no sabemos en qué taller habrá sido elaborada, ni en qué momento o tiempo fuera creada con tan dichosa figura.

Esa copa se encuentra en la pintura antigua y clásica, en los bodegones españoles, italianos o flamencos. También se encuentra en las estancias populares, en las estancias campesinas de las salas; en los aparadores y alacenas, en los vasares y coperos.

Parece un talismán para fascinarnos. Deslumbrante y sobria, sencilla y esencial, transparente y misteriosa.

Esa copa de cristal se encuentra en las pinturas y acuarelas de Ramón Gaya. Se halla sobre una mesa, o en alguna repisa, a veces sola, pero en otras con un poco de agua, y algunas hierbas con pequeñas flores, o algún clavel.

Y se encuentra también en nuestro sueño, en nuestra memoria, desde la niñez. Procede de algún vasar, o de alguna alacena, que en su momento contempláramos y que nos fuera impregnando y se fuera dibujando en nosotros, hasta llegar a convertirse en una de las figuras del alma.

(barquillo)

Vaso de plata. Bernegal. Vaso de encaje. Vaso sagrado. De los momentos extraordinarios, para celebrar los ritos. Vaso que contiene el vino primaveral, al que se acercan los labios para beber y conmemorar la renovación del tiempo en los días pascuales de primavera.

Vaso de plata. Cilindro de diseño escueto y sobrio, con un reborde cerca de su base, de donde arranca la cupulilla que constituye su asiento. El fondo curvo, donde se hallan las marcas del platero que lo elaborara. Así como también la leyenda del propietario que le hiciera el encargo, para atesorarlo entre sus bienes.

Vaso de plata. Vaso de la memoria. Vaso de los momentos especiales. Vaso en el que se expresa una belleza contenida, sobria, concisa, como canon de vida tendente a un estoicismo, que nunca excluye esos pequeños disfrutes epicúreos, en los que el existir también se configura.

Vaso de plata. Bernegal. Vaso de ofrecimiento y de celebración. Vaso de encaje. Los ojos de la memoria te contemplan, doble, sobre una mesa despojada, sobre una mesa con tablero de nogal, cubierta por un tapete blanco de tale de real tejida por ancianos y con figuraciones geométricas blancas también. Blanco en lo blanco. El color más hermoso para cualquier celebración.

Vaso de plata. Ensoñación de la memoria. Pero ¿dónde la huella de los labios que se han acercado hasta la línea del círculo en que se accede a tu interior, a tu bebida ritual? Algunos de tales labios acaso ya no existan. Pero han dejado en ti una huella invisible, una huella de antiguas celebraciones, acaso de un júbilo que experimentaran cuando participaban con los demás en la fiesta del mundo.

Vaso de plata. Te contemplo en silencio. Sé lo que significas. Advierto la sacralidad que contienes. Intuyo en ti las huellas de los míos, de los que, en una transmisión incesante de la semilla, me trajeron al mundo.

Y con eso me basta. Con poder contemplarte con los ojos de mi memoria. Ofrecido y abierto, doble, como vaso de encaje, sobre la mesa de nogal y el tapete de lino. En esa ofrenda estoy. Barquillo. Bernegal. Vaso de plata.

(bodas al cielo)

Cuando las bandadas de pájaros revoloteaban por el cielo, como ebrias y en círculos de locura, de tal forma que, dependiendo del ángulo del vuelo respecto al sol, se les tornasolaban los reversos de las alas de modo muy hermoso, regalándonos un fulgor que nos maravillaba, decíamos:

—¡Bodas al cielo!

Y los niños, desde el ámbito en que contemplábamos a aquellas aves en celebración, a las afueras de la localidad, nos poníamos también a imitar aquellos vuelos y giros, con los brazos desplegados, como si pudieran convertirse en alas. Y repetíamos, como para provocar aquel éxtasis celeste, en nuestro caso en la tierra, a través de las sílabas y de aquellas exclamaciones casi cantadas:

—¡Bodas al cielo! ¡Bodas al cielo! ¡Bodas al cielo!…

Y girábamos como derviches hasta casi perder la consciencia. Terminábamos perdiéndola, a fuerza de una insistencia obcecada. Y caíamos al suelo, donde respirábamos con alivio, de vuelta ya del éxtasis, recuperándonos cuando lográbamos recuperar el ritmo sosegado de la respiración.

Y ya nos desentendíamos de los pájaros, que seguirían practicando sus ritos celestes. Aunque nos quedaba aquel regalo de las alas tornasoladas, formando una melodía de luz, con formas reiteradas, que recorrían los cielos de la memoria. Imagen que surgiría en nosotros cada vez que necesitábamos la luz celeste.

Y aquella ebriedad de las aves como para celebrar unas bodas celestes, según creíamos, tal como aquella exclamación, reiterada por niños y adultos, expresaba, nos llevó, con el tiempo, a conocer, que, por ejemplo, en otras áreas peninsulares y europeas, los campesinos también profesaban similares creencias en torno a las bodas de los pájaros.

Así, el dos de febrero, fiesta de las Candelas, precedido por la fascinante celebración de Santa

Brígida, en toda Galicia se creía que se casaban los pájaros. De ahí que se tuviera como preludio de la primavera.

—¡Bodas al cielo! ¡Bodas al cielo! ¡Bodas al cielo!…

El tornasol de la memoria guarda la imagen de una celebración luminosa de pájaros, dejándose llevar, como derviches, por esos gongorinos campos de zafiro, tan altos e inalcanzables…

(telar)

Otro abuelo que prefigura al suyo. La misma relación amorosa y protectora con su nieto. La misma dependencia del afecto del niño, que, en su ser, renueva también su sangre. Y ese mismo temblor cuando, noche tras noche, duermen juntos y se dan compañía y calor.

El anciano, cuando siente próxima la muerte, realiza el testamento, lo dicta al escribano. Y aparece en él una manda destinada a su nieto. Y sus palabras tiemblan, pues documentan un amor y una gratitud, al tiempo que nos dan noticia de cómo era aquella vida rural, campesina, humilde, urgida por tantas necesidades.

¿Cómo podrá recompensar el abuelo a su nieto, por todo lo que le ha aportado en su vejez, en su edad más precaria, cuando apenas se podía valer por sí mismo? Y, aquí, en el testamento, aparece el *sacra* de la gratitud.

El abuelo ha sido tejedor. En el telar de cada día, en la urdimbre del tiempo, ha ido elaborando usuales labores textiles de lienzo, de estopa, de real, de alemanisco…, para manteles, paños, distintas piezas de indumentaria íntima, como camisas, camisones y otras diversas prendas.

A través del tejer, día a día, su existir se ha configurado como un rito, como un ofrecimiento, como una entrega a las necesidades de los otros. Y, al realizar tal labor, ha ido atravesando las distintas etapas de la vida, marcadas por el amor, por la celebración, por el trabajo, dentro de una vida ascética y sobria.

Hasta llegar a la vejez. Hasta llegar a ese testamento en que una manda a su nieto, al que ofrece el telar, nos documenta aquella vida antigua, de 1800, el año en que tal testamento está fechado, a través de unas palabras, tan hermosas, tan verdaderas, que nos hacen temblar:

«Que por cuanto Gerónimo Serrano de Baltasar, su nieto, se acuesta con él, y en parte le calienta y fomenta, y por otra le espulga y asea, dándole compañía en su enfermedad; por tanto en remuneración de este servicio, es su voluntad y manda que inminente desde hoy día de este otorgamiento se le dé un telar que tiene con todos sus pertrechos para tejer lienzos, pues le hace gracia y donación de él para en parte de pago de citado beneficio»...

(embudo de cobre)

Te lo encuentras colocado sobre el arca, en la sala de la vivienda familiar, como sobre un altar, celebrando un rito que ya nadie comprende. Lo han colocado allí, porque el embudo de cobre desempeñó en sus vidas, cuando eran apicultores, una función importante.

Lo utilizaban para envasar la miel, una vez obtenida a partir de la prensa, en pellejos, tinas, tinajas o en algún tipo de alcarraza vidriada, que pudiera contenerla y albergarla en el sueño de su conservación.

Terminaron perdiendo el uso y fueron desapareciendo los embudos de cobre, los hermosos embudos de cobre. Solo quedaron algunos, muy pocos, atesorados, como siempre ocurre con todo lo humano, por las personas curiosas, por aquellas que conservan, preservan y transmiten los sentidos del mundo.

Y los depositaron, absolutamente limpios y lustrosos, sobre algunas arcas de las salas, para mantener, a través de ellos, la sacralidad, la memoria y aquella aura de que siempre estaban acompañados los ritos laborales.

Y en ese espacio, sobre esas tablas de castaño o de nogal que conforman las tapas de las arcas, los contemplaste de niño con asombro. Porque la parte estrecha del embudo, su desembocadura, estaba colocada hacia arriba, mientras que la ancha boca, con su círculo abarcador, se asentaba sobre la madera. Como chimeneas fantásticas, por las que tuvieran que terminar saliendo todos aquellos misterios y secretos guardados en la oscuridad de las arcas.

Te lo encuentras también en los antiguos inventarios de bienes personales y familiares, nombrado de modos evocadores, mediante la omisión de la vocal de cierre o ese diminutivo que acaricia lo pequeño con sufijos entrañables.

Y, así, puedes leer en tales inventarios: 'embud'; o también 'embude'; o, aún más, 'un embudito'.

Solían ser de cobre. Pero también te los encuentras, inventariados, 'de madera' o 'de hoja de lata', ese material humildísimo, cuando los medios económicos no llegaban para acceder al cobre.

Dejemos ese embudo, esos embudos, con su lustre cobrizo, ofrecidos sobre los altares de las arcas. Que siga, a través de ellos, prolongándose el sueño de la memoria, el de aquellas labores apícolas de obtener la dulzura de la miel y la luz de la cera.

(libros)

Estaban ahí, olvidados en el salaero, una habitación de la casa con hojas de tocino ya curado, colgadas de las vigas del techo, como naufragios de la historia, del sueño de una historia que pudo haber sido, pero a la que ahogaron o asfixiaron quienes no querían desprenderse de privilegios seculares para ser distribuidos entre todos.

Dos libros. Aprendiste desde muy pronto sus títulos, así como el nombre de sus autores. Benito Pérez Galdós, *Cádiz*; con cubierta entelada roja y tonos dorados, grabados en la tela, con el sello editorial y las denominaciones del título y del autor.

Charles Dickens, *Tiempos difíciles*; cuya cubierta dura azulada y las identificaciones de la obra y del escritor grabadas en tinta negra, también te seducían, pese a que, de tan niño, no supieras calibrar por qué estaban allí aquellas naves naufragadas y cuál era su sentido.

Ambos libros, sin embargo, tenían algo en común, nada más que comenzaban a hojearse. En sus portadillas, aparecía estampada, mediante un sello de caucho, una inscripción rodeando un escudo central, enmarcado todo ello en un círculo, con atractivo tono azul de una intensidad luminosa.

Te aprendiste de memoria la inscripción, pese a que no consiguieras descifrar su meollo: «Patronato de Misiones Pedagógicas». Aquellas tres palabras te seducían. Pero aún no habías llegado en tu existir a la sabia melodía de los diccionarios.

Y quisiste salvar aquellas naves náufragas, armadas y calafateadas en los astilleros de las imprentas. Y recogiste los libros, para que no se perdieran, para que no desapareciera la memoria de aquel «Patronato de Misiones Pedagógicas» y el significado histórico que hubiera tenido, y el sueño de redención de las gentes humildes que hubiera albergado.

De adolescente leíste tales libros, como un primer homenaje a lo que significaran. Te fascinó su

lectura. Hoy, ya salvados y desagraviados de la actitud que los conducía al abandono, siguen soñando
en uno de los estantes de tu propia biblioteca.

(cromos)

En una de las plazuelas madrileñas en que se realiza el rastro todas las mañanas dominicales, niños y niñas se arremolinan e interactúan, acompañados por sus padres o familiares próximos. Hay como una febril actividad, que apenas se percibe, como de colmena. Se están intercambiando cromos. O los están comprando o vendiendo. Pues han de completar las colecciones.

Quienes nunca han coleccionado cromos no pueden entender ese interés tan febril, esa persecución de los ejemplares que nos faltan, esa necesidad de rellenar el hueco, aún en blanco, en el librillo o cuadernillo en que se van pegando, a medida que se adquieren en quioscos o comercios.

Cuando éramos muchachos, un buen día, comenzaron a llegar y a venderse, en el principal comercio de Alfranca, cromos de actores y actrices de cine. Constaba la colección de sesenta y un cromos; todos de color, menos uno en blanco y negro. Al niño que primero completara la colección y la presentara en el comercio se le daría en premio una pluma estilográfica 'parker', entonces un tesoro.

A medida en que nos iban dando las propinas semanales, íbamos con regularidad al comercio a comprar los cromos. Venían en un pequeño sobre que abríamos con ansiedad, por ver si aparecía uno que aún no teníamos. Y, siempre, con el anhelo de que nos apareciera el único cromo en blanco y negro, pues solo podía salir uno, al que fuera el afortunado.

Cuando teníamos algunos repetidos los intercambiábamos con los demás muchachos. Recordamos los nombres de algunos actores y actrices. Entre todos ellos, ¿por qué?, un nombre nos quedaría imantado en la memoria: Mara Laso.

Una tarde, soleada, benigna, deliciosa, tras haber entrado por enésima vez al comercio a comprar cromos, nos salió el único cromo en blanco y negro: era el actor Yul Brynner, con su mirada penetrante y su calva luminosa. La estilográfica 'parker' iba a ser nuestra. No pudimos contener el secreto y, enseguida, lo comunicamos a los muchachos que nos acompañaban.

Enseguida se propagó la noticia por toda la plaza. Nos quedaban solo dos o tres cromos para completar la colección y la estilográfica iba a ser nuestra. Al día siguiente, cuando fuimos al comercio a realizar una nueva compra, la dueña nos dijo que no había más cromos y que no iba a llegar ya remesa alguna de ellos.

Se quedarían ellos con la estilográfica. Tú te quedaste con la desilusión. Ay. También con la memoria de Mara Laso y de Yul Brynner.

(cartón)

El pequeño cuadrado de cartón, con el sello circular estampado, que os daban de niños, tras acudir el domingo en la mañana a la doctrina, para ir por la tarde al cine, donde se os abrían universos narrativos que desconocíais, aún sigue albergado en el archivo de tu memoria.

Un pequeño cuadrado de cartón, con el cosmos circular del sello de caucho, y aquel contraste entre el gris de la masa empastada y aplanada y el azul tan vibrante de la tinta sobre su superficie, con su leyenda en mayúsculas, era la llave para adentraros en el paraíso de las imágenes.

Porque a aquel paraíso de las imágenes accedíais con la boleta de cartón sellada, gracias a haber asistido a la doctrina. Os la daba la catequista. Y, en el teatro del pueblo, donde se proyectaban las películas los domingos por la tarde, se os abrían las puertas del paraíso de par en par. Un paraíso en blanco y negro. Y, a veces, en tecnicolor, un término este que excitaba vuestra imaginación hacia vuelos hermosos.

Aquel paraíso de las imágenes estaba constituido por controversias y hazañas del mundo antiguo: «Ben Hur», «Espartaco», «Quo vadis?», «Los Diez Mandamientos». Todo un universo de héroes todopoderosos, de adversarios temibles, de gladiadores robustos, de esclavos que se rebelaban ante un mundo que impedía su acceso a la condición humana, de carreras de cuadrigas que, en las curvas de los estadios, casi volcaban hasta salir fuera de la propia pantalla.

Pero aquel paraíso de las imágenes estaba asimismo poblado de otras historias conmovedoras, en las que aparecía la miel de la santidad a través de figuras como Santa Rosa de Lima, o San Martín de Porres, el santo negro, equivalente a aquella otra voz negra de Machín, que sonaba, también los domingos al atardecer, en el salón de baile.

Y a todo aquel universo accedíais a través de aquella boleta de cartón cuadrado, con su sello de caucho circular, como arquetipo de un cosmos al que semanalmente estabais invitados.

Pero los muchachos mayores, que ya no acudían a la doctrina, porque en su corazón comenzaba a anidar la picardía, a la salida de la iglesia os estaban esperando y os quitaban la boleta de cartón, ante vuestra impotencia. De modo que vosotros acudíais a la doctrina y ellos, por la tarde, al cine, al paraíso de las imágenes, del que la picardía y las mañas de los avispados os privaba, lo mismo que —como descubrirías más tarde, ya de adulto— ocurre en todos los terrenos, ay, de la vida.

(medallas)

Cuánto anhelaras de niño llevar alguna medalla, al observar que los demás las tenían, colgadas de una cadena al cuello, o las mujeres de tu lugar natal, con sus indumentarias antiguas de diario, sujetas con un imperdible en la chambra, a la altura del corazón.

Estas últimas eran las que más te atraían. Ovaladas, doradas, con la representación de la Virgen de la Peña de Francia, venerada en santuario sobre la cima de la montaña, tan cercano a vosotros, llevaban en sus flancos superior e inferior, así como en los laterales, los extremos, en alternancia de negro y blanco, de la cruz de los frailes dominicos.

Cómo anhelaras de niño ser dueño de uno de aquellos tesoros dorados, con sus cuatro remates con la alternancia del blanco y el negro. Era algo inalcanzable. Pese a que, como tiempo después descubrirías, eran unas medallas humildísimas sin apenas valor material.

Las medallas están investidas de lo sagrado. Lo sabíais hasta los niños, que, en uno de vuestros juegos —no recuerdas en qué circunstancias a él jugarais—, ibais recitando, como poseídos de una extraña excitación, que aumentaba a medida que reiterabais la formulilla rimada:

«Quien pisa raya
pisa medalla».

Al tiempo que están investidas de un halo protector. De ahí que las lleven las gentes en su cuerpo. Al igual que los detentes, de materiales más humildes, pero más llamativos a ojos de los niños, con aquellas telas de fieltro tan blandas y aquella sucesión de picos, en los extremos de la tela, realizados con las tijeras, por manos femeninas, tan primorosamente.

De hecho, tanto de unas como de los otros, se contaban historias de salvación personal. Un soldado, que llevara una medalla colgada en su cuello, o un detente prendido en el interior de su casaca, junto a su corazón, había salvado la vida, pese haber recibido el impacto en su cuerpo del arma hostil, detenido el impacto por el objeto sagrado que lo protegía.

Cómo entonces, imbuido por aquellas historias, por aquellos prodigios, por aquella belleza, no ibas a querer que una medalla colgara de tu cuello…

Si llegaría a colgar un escapulario, preservativo carmelita mucho más humilde…

HUELLAS
DE UNA BELLEZA
ANTIGUA

posee algo de la pureza y la eternidad de lo antiguo

Walter Pater

Dormía noche a noche con su abuelo. Rezaban las oraciones, bellísimos romances religiosos antiguos. A los pies de la cama, una pequeña arca encerraba un tesoro. Un día, su abuelo la abrió y elevó ante la mirada del niño las alhajas de plata y de coral. Más que el fulgor de las materias preciosas, el niño se quedó fascinado con los sonidos, con aquellos tintineos de la plata, provocados por el ritmo del pulso de la sangre del abuelo, que elevaba con su mano aquel collar prodigioso, para que su nieto tuviera experiencia de lo extraordinario.

Cuando llegaba el Carnaval, en tabernas francesas, italianas y españolas, colgaban un muñeco, pelele o monigote ante la entrada de los establecimientos.

Los parroquianos, al tiempo que se hartaban de vino, ante las abstinencias cuaresmales tan próximos, levantaban los vasos repletos, brindando ante el espantajo. Lo quemaban el martes por la tarde, o en el transcurso del miércoles…

Transmite el telediario la noticia de un terremoto en Turquía. Las imágenes van mostrando los edificios dañados y en derrumbe de una ciudad. Puede verse el interior de no pocas habitaciones. La cámara nos acerca a ellas. La protección de la vida íntima se halla significada en muebles y en objetos. De repente, sobre una mesa, aparece un libro. Lleva en su portada una fotografía de Walter Benjamin. Acaso sea una obra suya. No podemos leer los caracteres árabes. ¿Dónde estará el lector?

Nunca dejó de sentir que un hilo invisible la vinculaba con sus antepasados. Y acudía con periodicidad al cementerio, para hablar en silencio con aquellos seres queridos que seguían resucitados en ella.

El anciano esposo volvió a casa, tras unos días en el hospital, donde lo habían ingresado. Apenas le quedaba un mes de vida. Lo llevó la ambulancia. Y, al sentirse ya cerca de su pueblo, experimentó el que sería el último júbilo de su existir. Le acomodaron una cama pequeña en el primer piso. Cuando todos se retiraban, excepto el que había de quedarse acompañándolo, le preguntó a su esposa: —¿Tú no duermes conmigo? Ella le contestó: —¿No ves que los dos no cabemos en esa cama? Y él apostillaría: —Yo te hago sitio.

Nació el primer bisnieto. Pero ya no vivían los abuelos. Se hallaban enterrados, desde hacía algunos años, en el cementerio del lugar, rodeado de un delicioso boscaje de castaños y robles. El nieto, ya padre recién estrenado, había recibido de aquellos abuelos algún fulgor. Y, apenas cumplido el niño un mes, lo llevó de la capital al pueblo y visitó el cementerio con él. Y, con el niño entre sus brazos, pronunció: —Abuela, mira lo que te traigo.

Volvía el niño a casa junto con sus abuelos. Habían pasado la tarde en el parque. Y todo un cúmulo de imágenes, sensaciones y afectos se estaba procesando en el telar de su corazón. Al descalzarse, advirtió que en la suela de una de sus deportivas se encontraba pegada una hoja de árbol. Se llenó de inquietud. «—Pobrecita hoja, se ha perdido. ¿Qué hacemos para que vuelva al parque con los suyos?». La abuela lo tranquilizó. Pusieron la hoja en el alféizar de la ventana. Y soplaron todos, el niño y sus abuelos. «—Ahora va por el aire —apostilló la abuela— hasta llegar a su casa en el parque. Porque sabe el camino…».

La emoción espiritual que despiertan los objetos naturales…

Condorcet, autor del breve opúsculo titulado *Bosquejo de un cuadro histórico de los progresos del espíritu humano*, partidario activo de la revolución en los momentos iniciales, pero opuesto a la ejecución del monarca, porque negaba el derecho del estado a disponer de la vida humana, cuando sintió que el terror le pisaba los talones, huyó de París, llevando por todo equipaje un libro con los poemas de Horacio…

Juana Hoyos González. Fallecería con apenas medio siglo de existencia. Se fue de este mundo antes de tiempo. Le estaba destinada una resurrección, que nunca llegaría a conocer. José Ortiz Echagüe la llegaría a fotografiar, en una imagen muy hermosa, al tiempo que difundida en todo el mundo.

Belleza de las indumentarias campesinas. Ese modo extraordinario de vestir, cuando se celebraban los acontecimientos que, a lo largo del año o de la vida, requerían una presencia humana que irradiara celebración y júbilo.

El escultor Mateo Hernández lo observó, cuando, al contemplar la afluencia de las gentes comarcanas a la bejarana feria de San Miguel, llegaría a escribir asombrado: «¿Cómo podré olvidar yo el éxtasis de emoción, de admiración y de sorpresa que me producían tantos y tantos tipos de campesinos y campesinas con sus trajes bellísimos? ¿Quién en su infancia no se ha sentido maravillado delante de las bellísimas candelarias, charras, extremeñas y serranas?».

(Homenaje a todas las Cataluñas…) «El cine es una pequeña Cataluña a la que le cuesta existir» (Jean-Luc Godard)

Llegó a tener un sueño. Y lo recuerda de continuo cada vez que se aproxima a los confines del misterio del mundo: que un día se presentaran ante él, juntos, todos los animales sacrificados de los que se había alimentado a lo largo de su vida. Y, en coro y en silencio, le dirían: —Somos parte de ti.

O, también: —Eres parte de nosotros

Decía, al anochecer, como si del sustrato más hondo del pozo del corazón y del ánimo extrajera aquella agua:

—Ya solo quiero morir en paz.

Y la noche se estremeció, como nunca, hasta aquellas palabras, lo había hecho.

Aquella maestra, cuando comenzaba el curso, en el primer momento, una vez que los niños y las niñas se habían presentado y habían adquirido una cierta confianza y que ya se sentían a gusto, les preguntaba, con el fin de que todos dieran su peculiar respuesta:

—¿Qué queréis aprender?

Y un niño gitano le contestó:

—Yo quiero aprender a llamar a las águilas

Me dice por un mensaje de guasap:

—Me acordé de ti leyendo a Teilhard de Chardin. También él supo apreciar y transmitir la inmensa profundidad de lo que estaba «escondido» y que casi nadie sabía apreciar…

Te encuentras en una habitación del hospital, acompañando a tu padre enfermo. En otra cama del mismo cuarto, yace otro enfermo, un hombre anciano que ha sido policía. Charlas con él. La conversación deriva hacia los territorios del origen. Se anima. Y, punto de marcharte, te dice:

—Yo creí que al hospital se venía a curarse el cuerpo. Pero me he dado cuenta, tras hablar contigo, que también venimos a curarnos el alma

El niño que escondemos y albergamos en nosotros guarda en su corazón todos los tesoros de la existencia

ENHEBRAR LAS PALABRAS

(19 MELODÍAS)

En ocasiones, las palabras de los otros, cuando leemos, irradian algún fulgor inesperado, esto es, nos iluminan, nos acompañan, nos otorgan sentidos de los que carecíamos, nos consuelan… y nos regalan una belleza que nos llevan a los territorios de la alegría.

Son como las cuentas de un collar, que vamos enhebrando en el hilo del tiempo, en el hilo de los días, a medida en que, al leer, las descubrimos; perlas en una masa oceánica con el ritmo imponente de las aguas; agujas en un pajar que parecerían inencontrables.

A medida que las descubrimos, las vamos anotando en pequeñas libretas, en pequeños cuadernos. Pero tenemos tantos, que se van traspapelando, que se van perdiendo, que van naufragando en las imprevisibles derivas de las hojas.

Aun así, podemos enhebrar algunas de estas palabras, para tratar ofrecer a quienes lean estas páginas ese pequeño collar que puedan ponerse un día en el cuello, o esa inesperada pulsera que, en algún momento, puede alegrar las articulaciones de una de las muñecas de que nos servimos para accionar las manos.

Porque las palabras de los otros, a medida que las hacemos nuestras, nos expresan, nos explican, nos revelan, nos iluminan…, como ocurre con toda esa orfebrería que la delicadeza de los artífices nos ha ido regalando a lo largo del tiempo.

Vaya una muestra, como azarosa melodía, rescatada de entre las hojas que esas libretillas de que nos servimos para documentar algunos avatares de nuestro existir.

Entro en mi hogar
entro en mi nombre
(FERNANDO ZAMORA)

La busca más difícil es la de la simplicidad. (JOSÉ ÁNGEL VALENTE)

Lo importante es lo indecible, lo blanco que queda entre las palabras, y estas palabras hablan siempre de lo accesorio que nosotros no pensamos en realidad. Nuestro interés, el verdadero, se deja a lo sumo parafrasear, y esto quiere decir enteramente al pie de la letra: se escribe alrededor. ... Se dan noticias que nunca contienen nuestra propia experiencia, que permanece indecible. (MAX FRISCH)

Hasta que se iban apagando sus sentimientos y exclamaba: «¡Basta! ¡Sin emoción no se puede escribir nada que valga la pena!». (MAURICIO WIE-SENTHAL sobre TOLSTOI)

30 de abril de 1960: vivimos, todavía hoy, en un mundo mítico. Pero está cerca el tiempo en el que seremos arrojados fuera a otro lugar originalmente extraño. —¿Nosotros? (PAUL CELAN)

se puede tener —sin romanticismo— la nostalgia de una pobreza perdida. Unos cuantos años vividos miserablemente bastan para conformar una sensibilidad. (ALBERT CAMUS)

La Pascua volverá siempre, el placer siempre se trocará en miedo, el miedo en salvación, el canto de lo perecedero me acompañará sin tristeza en mi camino, lleno de acatamiento, lleno de aceptación, lleno de esperanza. (HERMANN HESSE)

Pero ¿cómo podemos esperar salvarnos en lo más frágil que existe? (ITALO CALVINO)

Esta es la melancolía que yo siento, no por gente de mi casa, que sería pequeño y ruin, sino por todas las criaturas que por falta de medios y por desgracia suya no gozan del supremo bien de la belleza que es vida y es bondad y es serenidad y es pasión. (FEDERICO GARCÍA LORCA)

La sabiduría que nos hace falta se encuentra en Lao-Tse y el único cometido intelectual que tenemos al presente es traducirla a las lenguas europeas. (HERMANN HESSE)

El catolicismo también forma parte del encanto del Sur. (HERMANN HESSE)

la noción de tesoro se aleja de la economía. Parece, por el contrario, la negación exacta. Es de orden mágico. (ROGER CAILLOIS)

Su riqueza está en su empobrecimiento. (ÁNGEL OSSORIO Y GALLARDO sobre LLUÍS COMPANYS)

Los artistas, de una manera bastante general, siempre han sido sensibles a los problemas de la humanidad. Hay una gran tradición de obras de arte que se han ocupado de los desvalidos y oprimidos, y han promovido la piedad hacia ellos. (ANTONI TÀPIES)

tenía el carisma de los zurdos, esa enigmática visión invertida que les permite seguir la jugada desde el otro lado del espejo. (JULIO CÉSAR IGLESIAS)

Vi un ciervo. Dormí profundamente. (JOHN CHEEVER)

ubi bene, ibi patria… «Donde se está bien, allí está la patria». (THOMAS MANN)

La compasión puede ser la fundación, la refundación del ser. (YVES BONNEFOY)

protege con la oscuridad cuanto germina en ti, pensamiento o sentimiento, y no lo saques a luz sino cuando ya esté formado. (AMIEL)

PARA UNA MEMORIA
SOBRE LA BONDAD

(PEQUEÑOS GUIJARROS)

En alguna parte has escuchado, o has leído, porque es algo que procede de una percepción humana que viene de antiguo, que la bondad es la forma más alta de la inteligencia.

Podrías darle la vuelta a ese calcetín conceptual y decir que la forma más alta de la belleza es la bondad. Sin bondad no hay belleza; pues, al carecer de ella, se volvería falsa, sería una impostura.

Sin bondad, lo humano se desvanece y se vuelve monstruoso.

Siempre has sentido la necesidad de trazar, de algún modo, una memoria de la bondad —para que la belleza adquiera algún significado y se dote de esa aura necesaria, que la invista de fascinación—, aunque fuera proponiendo algunos ejemplos que al azar se te presentan.

Y ahora, ¿por qué no?, vas a intentar un ensayo, una primera aproximación a tu proyecto, aportando, a voleo, unas cuentas iniciales, de materiales siempre humildes, para ir enhebrando ese collar de la bondad y que se lo coloque en su cuello ese ser misterioso que, sin que sepamos nada de él, o de ella, nos protege.

Y estas son algunas de las cuentas que ofreces hoy para enhebrar ese collar de la bondad… y de la belleza, que, en su momento, será más largo.

Ahí van, a voleo:

Dice el historiador de la literatura Giuseppe Bellini sobre el mexicano Antonio Caso (1883-1946): «fue defensor apasionado del espiritualismo. Caso afirma que en el hombre existe un impulso hacia el bien, que se manifiesta en forma heroica y apasionada, y de él provienen la creación estética y la acción moral. Así nace la historia y, de ella, la cultura».

El conocido verso de Antonio Machado, en el poema inicial —Biografía— de *Campos de Castilla* (1912): «soy en el buen sentido de la palabra bueno».

El conocimiento de la existencia de ese humildísimo clérigo nos llega a través del legajo que contiene el testamento que dictara al sentirse próximo a la muerte. Los cuerpos eran enterrados en el interior de las iglesias. Cada cual dictaba, según sus posibilidades económicas, pues no todos los lugares del interior de los templos costaban lo mismo, el ámbito eclesial en el que deseaba ser enterrado. Y este clérigo llega a decir que desea descansar en el lugar más humilde, en el sitio desechado por todos, donde no quiera nadie recibir sepultura. Pues él no tiene apetencia alguna y desea favorecer las que tengan los otros.

El artista alemán Otto Freundlich (1878-1943, campo de concentración de Majdanek) «fue perseguido por el mismo furor hitleriano, hasta en París, que se había convertido en su segunda patria. Fue deportado, en 1943, a un campo de exterminio, al mismo tiempo que la mayor parte de su obra era bárbaramente destruida. Era considerado por cuantos lo conocieron —desde Picasso hasta Michel Seuphor— como un verdadero "santo laico", por su generosidad y su bondad». (Palabras en una historia del arte contemporáneo, editada en Francia.)

Como un zahorí, alguien detecta, como al azar, como si no lo pretendiera, la bondad de algún otro. Y la afirma. Y escribe sobre ella. Es lo que llegaría a hacer el escritor y crítico Abraham Valdelomar, nada más publicarse, en Lima, en 1918, *Los heraldos negros*, primer poemario de César Vallejo.

En *El tiempo*, de Lima, el 31 de marzo de 1918, escribiría: «Eres un gran artista, un hombre sincero y bueno, un niño lleno de dolor, de tristeza, de sombra y de esperanza. Tú podrás sufrir todos los dolores del mundo, herirán tus carnes los caninos de la envidia, te saltarán los dardos de la incomprensión; verás, quizá, desvanecerse tus sueños; podrán los hombres no creer en ti; serán capaces de no arrodillarse a tu paso los esclavos, pero, sin embargo, tu espíritu, donde anida la chispa de Dios, será inmortal, fecundará otras almas y vivirá radiante en la gloria, por los siglos de los siglos. Amén».

Unas palabras de zahorí, de quien ha descubierto un manadero. Unas palabras que, más allá del desvanecimiento inmediato del papel de periódico, estaban destinadas al futuro, para llegar hasta nosotros y darnos, desde muy temprano, la noticia de una belleza nueva.

Como aquella mujer anciana, en una ya lejana mañana lluviosa en Zamora, marcada por la luz, que nos regaló aquella melodía de la bondad a través de su mirada. Y aquel bálsamo logró que viviéramos todas aquellas horas habitados por una serenidad y un júbilo que nunca antes hubiéramos conocido.

O aquel clérigo rural, precedente o heredero de San Manuel, que, tarde a tarde, ante su mesa, con los legajos a su izquierda, tomaba notas, para conocer la vida de sus feligreses en el pasado. Y así comprenderlos mejor.

Miguel de Unamuno, acostumbrado a mirar en todas las direcciones, llegaría a observar en algún momento: «La inteligencia de Alfonso Reyes es una función de su bondad». Algo que te lleva a un *dictum* leído hace ya tiempo, acaso en algún autor antiguo: «La bondad es la forma más alta de la inteligencia», como ya indicaras en el inicio de estos guijarros.

O también aquel otro Miguel meditativo, el senequista Michel de Montaigne, que, en el retiro de su castillo, trazara estas líneas sobre la confianza en la bondad ajena, cuando escribiera el siguiente aserto: «La confianza en la bondad ajena es testimonio no pequeño de la propia bondad».

Y no olvidar a José Gargery, el herrero, que habita en las páginas de *Grandes esperanzas*, de Charles Dickens, otro paradigma de la bondad, que dejara tantas huellas en ti. Sobre él, dice su autor: «Era un individuo apacible, bondadoso, de carácter dulce, indolente y sencillo: una especie de hércules por su fuerza y también por su debilidad».

Ni a Martín, uno de tus antiguos maestros de la adolescencia y que hoy, ya en el umbral de sus noventa años, indica como lema en su guasap: «Verdad, bondad y belleza». Le hablo de John Keats. Y me indica: «—Está en los escolásticos».

La bondad y el relato. «Todos aquellos que encarnan la sabiduría, la bondad, el consuelo del mundo, se apiñan en derredor del que narra». (Walter Benjamin)

La pequeña cosecha de estas líneas, como guijarros para una memoria sobre la bondad, habrá de ser continuada. Habremos de ir recogiendo nuevas piedrecillas, blancas y refulgentes, para trazar con ellas esa melodía del más alto grado de belleza que reside en el ser humano —la bondad— y que en la luz se exprese.

SERES

(pasos)

Camina el hombre por la calle. Lleva de la mano, a través de la soga de las cabezadas, a la caballería. Los pasos del animal, a medida que las herraduras golpean contra el granito del empedrado, resuenan uno a uno, enmarcados por pausas de silencio, de modo rítmico. Y ese ritmo del caminar se graba en los caminos de la memoria del niño que contempla la escena desde el balcón de la casa del abuelo.

El hombre se detiene al llegar a la fuente. La caballería, con un ansia que no excluye la serenidad, se acerca al pilar lleno de agua, introduce su hocico en ella y bebe. El hombre, para marcar el tiempo de absorber el agua, silba de modo continuado. Marca otro ritmo. Tan hermoso como el de los pasos de las herraduras. Menos rotundo.

La belleza del sonido de las herraduras contra el empedrado de granito —hierro y piedra en diálogo, a través del latido del animal— y esa otra del silbo humano, procedente del aire expirado por los pulmones y convertido en sonoridad a través de los labios, se conjugan en los momentos del amanecer.

La luz naciente con su silencio irá marcando el ritmo del día. El hombre acude al huerto a trabajar. La melodía geométrica de los surcos penetrará en sus ojos. Una belleza pautada y ordenada, configurada a través del azadón, de los golpes humanos para ordenar la tierra, se articula en una sucesión de líneas, con sus alturas y sus valles, para que el agua transite y haga crecer y germinar las plantas.

Pues todo es melodía. El resonar cuando las herraduras golpean rítmica y sucesivamente el granito. El silbo humano para que el animal beba el agua. La sucesión lineal de los surcos, para que crezcan las plantas y germinen los frutos, y de ese modo el sustento prolongue las andanzas de la vida. Pues todo es melodía. Pero también belleza.

(la lavandera)

Deambula de rama en rama, por los saúcos y otros arbustos junto a las márgenes del río. La lavandera, hermoso pájaro de oscilante y larga cola, al tiempo que muy grácil. Su perfil airoso, su figura estilizada y esas tonalidades blancas y grisáceas en combinación, con alguna que otra tonalidad negra, dan a la lavandera una presencia hermosa junto a las aguas del río.

Va y viene, en vuelos cortos. Reconoce el espacio en el que habita. No sabemos si escuchará el murmullo de las aguas, que transcurren de modo manriqueño. Cómo alegra el espacio su presencia. Hipnotiza a los niños con sus vuelos de acá para allá, que tratan de no perder el itinerario de su figura.

Las mujeres, apostadas y arrodilladas sobre sus bancas que las protegen, se hallan justo al borde de las aguas, para lavar las ropas semanales, tarea que realizan tras el domingo, en el inicio de la nueva andadura de los ríos. Son otras lavanderas.

Conversan entre ellas. Se cuentan las novedades, los sucesos. Susurran en secreto sus anhelos y aspiraciones al oído de sus vecinas. Qué hermoso es verlas, desde el puente de granito, alineadas junto al borde de las aguas. Extienden y despliegan el blanco de las sábanas, para que el agua las purifique, para que expulse cualquier mancha humana, generada por las melodías del amor.

De vez en cuando cantan. Entonan algún romance. «El día de los torneos / pasé por la morería / y oí lavar a una mora / al pie de una fuente fría…». Esa moza cautiva, que espera el rescate de un caballero que por allí ha de pasar.

¿Qué rescate esperan ellas? Algún acontecimiento que las libere de esa vida tan dura de atender la casa, a sus hijos, el cultivo de los huertos, la atención de los ganados…, mientras el marido se gana la vida como arriero o emigrante.

Pero el cantar las purifica. Lo mismo que el

tránsito rumoroso de las aguas. Lo mismo que las andanzas de los vuelos de las lavanderas, de rama en rama, de saúco en saúco, de arbusto en arbusto. Porque todo en el ámbito del río es manifestación de una alegría y de una vida marcadas por el prodigio.

La lavandera va y viene. Su vuelo es un prodigio. Como si fuera una manifestación del alma de la divinidad, como acaso sean todas las aves, todos los pájaros. En otras tierras, no se conocen como lavanderas, sino como pajarinas de Dios.

Por algo será.

(moriche)

Fidelísimo perro que acompañaras las andanzas vitales y laborales de mi abuelo Pablo y al que una mano pérfida envenenara un día, sin justificación alguna, ¿dónde te encuentras?, ¿cuál es tu paraíso?

¿Dónde está esa caja de resonancia que atesore tus ladridos, aquellos ladridos de fidelidad, de protección, de aviso cuando acechaban los peligros, de llamada cuando advertías la presencia poderosa de mi abuelo?

Lo acompañabas de noche, cuando transportaba desde Alfranca a Las Hurdes, o las dehesas de encinas del Campo, las colmenas con su recua de machos, de mulos cerrados, como decía la expresión antigua en los contratos de compraventa.

Y el último mulo, como aviso permanente, para que en el tránsito de la noche no se perdiera caballería alguna cargada con colmenas, llevaba una esquila que, al tenor de los pasos de la bestia, iba tintineando de continuo, para que nada cayera en el sueño, para que aquella misión de transporte de las colmenas cumpliera su finalidad: colocar las colmenas en un asiento propicio, en un ámbito de aromática floración, para que pudieran libar las abejas la blanca cera y dulce miel machadianas.

Y tú, Moriche, acompañabas a mi abuelo con la recua. Y, a tu modo, le proporcionabas protección, le dabas seguridad, le hacías comprender que no iba solo, que en aquellas laboriosas labores de supervivencia una criatura como tú podía cumplir una función necesaria para quien las realiza: contar con esa melodía de alma de algún ser acompañante que reconforta por la luz que proporciona y transmite.

Moriche, pequeño perro de cuya memoria apenas queda huella alguna, ¿dónde van a parar todos los nombres que los seres humanos ponen a los perros, ese bautismo de sílabas y palabras que nos sirve para conocer el mundo?

Tú andarás por atajos y caminos, ya más allá del tiempo, acompañando a mi abuelo Pablo, a través de una noche marcada por el misterio, a través de una cartografía que se nos escapa, sobre la que no tenemos mapa alguno, pues pertenece a un reino, a un territorio del que no sabemos nada, pues todo sobre él lo ignoramos.

(historia recibida)

Cuando llegó la primavera, escribimos un artículo, dentro de una colaboración semanal en un periódico de edición digital de provincias, sobre las violetas y otros signos de la llegada del tiempo nuevo, marcado por la luz y por esa eclosión de tantas flores y de trinos de pájaros.

Las violetas siempre nos han conmovido, por representar una belleza lograda en lo diminuto, en la pequeñez, con la delicadeza del color y de sus formas, con su aroma embriagante y tan sutil.

Las violetas, además de en las umbrías, en los recodos protegidos, en los ámbitos de humedad y de sombra, habitan en las sílabas de un hermoso poema del desdichado berciano Enrique Gil y Carrasco. Y, en tales versos, nos hemos embriagado con su aroma verbal.

Solemos enviar el enlace de cada artículo dominical a gentes conocidas y amigas, para que puedan leerlo, si es de su voluntad. Algunos nos responden con mensajes que estimulan el seguir escribiendo. Determinadas palabras de contestación son como abrazos, o como espaldarazos reconfortantes.

Tras leer el artículo sobre la primavera y las violetas, uno de tales amigos nos regaló una pequeña historia, marcada por la huella de la memoria, así como por ese temblor que impregna lo vivido cuando es verdadero.

«Gracias. Mi abuelo Lázaro tenía, en un muro del huerto que daba a un regato, unas matas de violetas. Cortaba algunas y las ponía dentro de los pliegues de su boina. Y en mi memoria perdura su perfume».

Perdura su perfume en la memoria. Y, a través de él, a través de ella, el abuelo Lázaro y todos los abuelos, permanecen resucitados en nosotros.

(la cuesta de la jara)

La jara es un arbusto amigo de lo solar. El haz de sus hojas lleva una pátina brillante y adherente, que se impregna en la piel y en las ropas. La jara florece en primavera, cuando llega abril y comienzan los barruntos de la semana santa.

La flor de la jara tiene cinco pétalos, blancos y sedosos, una pura delicia para el tacto. En cada uno de los pétalos, hay una huella sanguinolenta, que se extiende desde el arranque hasta su centro. Las gentes, debido a su número, dicen que son las huellas de la pasión y muerte de Cristo.

La madre les hablaba de la cuesta de la jara, que ella, con las caballerías que le encomendara su padre, iba desde Alfranca hasta Miróbriga, con las cargas de productos serranos que habría de entregar a algunos vecinos de la última población que los tuvieran encargados.

Y el padre encomendaba a su hija moza aquellas tareas, porque iba acompañada, protegida, por otros hombres de la localidad que realizaban el mismo itinerario con otras cargas de productos, en las que iba cifrado el trabajo que llevara, invisibles, las huellas del esfuerzo y la supervivencia.

Y la madre les contaba cómo aquellas jaras floridas, a medida que subía o bajaba la cuesta que de ellas recibiera su nombre, según el itinerario fuera de ida o de vuelta, le parecían un cielo de estrellas, por el brillo y la claridad que la luz solar les hacía desprender.

Y él, niño aún, al hilo del relato que la madre les transmitiera, en los anocheceres invernales en la cocina, ante el fulgor del fuego, trataba de imaginarse aquel cielo de jaras floridas, que la madre transitara y aquellas llagas de Cristo, cuya veracidad solo podía recibir por aquel crucificado sobrecogedor y tan imponente que se veneraba en la iglesia local.

Cuántas veces, en su tiempo de adulto, ha subido y bajado por la llamada cuesta de la jara, siempre ya en automóvil, y ha contemplado, en sucesivas primaveras, esa dilatada floración, ataviada de sedas y de matices blancos, tratando de percibir esos campos celestes que la madre percibiera de moza, cuando, además del esfuerzo y de la abnegación que la vida le imponían, estaría recibiendo también la visita del amor, como una de las experiencias más hermosas de la dicha.

(el sembrador de lápices)

En memoria de los maestros José Vargas Gómez y Máximo Cano Gascón, quienes, al unísono, durante la II República, aplicaron en Las Hurdes las técnicas de Célestin Freinet. (Ah, y añadimos, ahora, en esta nuestra memoria, al maestro catalán Antoni Benaiges, otro renovador freinetiano, que moriría fusilado en una cuneta. Sus restos todavía no han aparecido.)

Aquel niño asistía a la escuela en su alquería hurdana. En plena II República, un maestro, un adelantado, estaba aplicando una renovadora experiencia pedagógica procedente de Francia, creada por Célestin Freinet. Los niños disfrutaban de aquella aventura, sin llegar a comprender su significación. Pero, inmersos ella y jornada a jornada, les iba embargando un júbilo como después ya no llegarían a conocer en la vida.

La imprenta escolar era una de las más significativas expresiones pedagógicas del método freinetiano.

Se plasmaba en el periódico escolar, una de sus más dichosas aventuras, por ello. Llevaba el realizado en aquella escuela de Las Hurdes el hermoso título de 'Niños, pájaros y flores'. Fruto de una participación colectiva y con un diseño infantil muy hermoso, cada uno de los niños de la escuela llevaba un ejemplar a su casa, para que toda la alquería pudiera contemplar la vida de la escuela. Muchos años después, todavía quedó vivo alguno de ellos, atesorado en el olvido de los desvanes.

Todo se compartía. Todo era de todo. Era una escuela de participación. Los lápices, en la mesa del maestro, estaban a disposición de todos. Mas, con el uso, se iban gastando, se iban volviendo más pequeños, iban perdiendo su materia. A fuerzas de afilarlos, para sacarles punta.

Y aquel niño se apenaba, al percibir cómo los lápices corrían peligro de esfumarse y, con su desaparición, ya no podrían seguir dibujando el relato del mundo, de su pequeño mundo.

Y tramó una estrategia de regeneración. Un día,

en el momento de la tarde en que el horario escolar terminaba, se acercó hasta la mesa del maestro y, en ella, hasta el bote de los lápices. Los cogió, sin que nadie se diera cuenta, y los guardó en el bolsillo.

Se los llevó hasta su casa. Y, en el huerto inmediato a la vivienda, los fue sembrando en hilera, clavándolos uno a uno, con el fin de que germinaran y crecieran, como lo hacen los frutos. Para llevarlos después, ya con toda su extensión y lozanía adquiridas, a la escuela, para que volvieran a cumplir su función de trazar sobre el papel la melodía más hermosa y lograda del mundo.

Y aquel niño, ya abuelo, muchos años después, le contaría a su nieta aquella aventura. Al tiempo que le regalaba aquellos dos o tres periódicos, guardados en el desván, que desde aquellos días escolares, de sembrador de lápices, había guardado, como homenaje a la memoria.

(niño cantor)

La anciana se lo recordaría muchos años más tarde. Y se lo reiteraba en todas las ocasiones que se encontraba con él:

—Eras un niño cantor. Todos los días, al oscurecer, cuando estábamos en la cocina, delante de la lumbre, escuchábamos un cantar y decíamos: «—Ya va Luis a llevarle la leche a Elías». Y no fallaba. Nos asomábamos y te veíamos desde la ventana, con la lechera en la mano, a llevarle el cuartillo de leche a Elías. Te acordarás bien de él. Menuda alegría que nos dabas. Siempre cantando. Te sabías muchas canciones. ¿Quién te las enseñaba? ¿Dónde las aprendías? No se me olvida. Es como si te estuviera viendo ahora mismo. Cantabas tan alto, que se oía en toda la calle.

La luz se iba retirando, abandonando el día, recogiéndose hacia las estancias invisibles del poniente. Por todas las extensiones del cielo, se difundía y desparramaba una escritura de rojizos y anaranjados muy hermosos, vibrantes, que al niño lo llevaban a estados de júbilo, pese a aquella pobreza en que vivían. Y aquel júbilo se resolvía en aquellos cantares que iba pregonando al recorrer la calle.

Aquellos arreboles hechizaban también a los labriegos cuando volvían de los huertos a recogerse a sus casas:

—Mira la vaca desollá —se decían unos a otros— ya está ocupando el cielo.

El niño llegaba a casa de Elías, con la lechera de aluminio, y, tras haber llamado a la puerta, subía las escaleras y aquel hombre, soltero, mutilado de guerra y que, por ello, recibía una paga del estado, vaciaba el cuartillo de leche en un puchero suyo de porcelana, para cocerla a la lumbre, y le devolvía al niño la lechera.

Tras bajar las escaleras y salir a la calle, en el itinerario de regreso, con la vaca desollada ocupando aún todas las extensiones del cielo, pero con tonos

ya mucho menos extendidos, el niño volvía a rea-
nudar los cantares.

Estaba celebrando el mundo, sin saberlo. Lo
celebraba de continuo.

(équidos y locura) (dos abrazos)

(primer abrazo)

Es el primer momento de la mañana del 3 de enero de 1889. Estamos en Turín, en el norte de Italia. El filósofo alemán Friedrich Nietzsche abandona su casa de la calle Carlo Alberto.

Y, ante sus ojos y su ser, se desarrolla una escena. Un cochero azota sin piedad alguna con su látigo a su caballo, que se encuentra derrengado en el suelo. No puede más, rendido y agotado como se halla de tirar de continuo del carruaje.

Friedrich Nietzsche, hondamente dolido y con su alma herida por aquella crueldad, se acerca hasta al caballo y lo abraza. Y permanece así, vinculado con aquella criatura, extenuada, que sufre.

Al parecer —según algunos—, le habría susurrado unas palabras. ¿Cuáles serían? No lo sabremos nunca. Quedarían, acaso, en aquel corazón de la bestia de tiro. Y surtirían algún consuelo.

Otros indican que permaneció llorando, en silencio, sin separarse del caballo y, abrazado a él, le habría mostrando, con su gesto, esa vinculación de amor que habría de existir entre todas las criaturas. ¿Experimentaría aquel caballo algún consuelo?

El filósofo alemán permaneció junto al caballo, hasta ser detenido por desórdenes públicos.

Hay una general coincidencia en que aquel episodio fue crucial en la vida de Nietzsche. Habría perdido lo que la humanidad llama razón a partir de aquella dolorosa experiencia. Y habría roto con aquella humanidad tan feroz y tan cruel, que lo consideraría un perturbado.

El narrador checo Milan Kundera, en *La insoportable levedad del ser*, se atrevió a interpretar aquellas enigmáticas palabras que Nietzsche le habría dirigido al caballo, abrazado a él.

Le habría pedido perdón, en nombre de la humanidad, en nombre de Descartes, que considerara a los animales como meras máquinas vivientes o «machina animata», sin alma alguna y, por ello, sin sentimientos.

¿Y qué habrá sido de aquel caballo?

(segundo abrazo)

Conduces el coche en el primer momento del día. Vas de viaje. Escuchas radio clásica. Se emiten piezas de Komitas Vardapet, sacerdote armenio, compositor, etnólogo musical. Te deleitan. Lo mismo que una historia que sobre él se narra.

Komitas Vardapet habría viajado a lo largo de años por toda la Armenia histórica, escuchando, recogiendo y grabando cantares populares y danzas armenias por aldeas y lugares de todo ese pueblo, llegando a atesorar un corpus de más de tres mil piezas.

En 1915, comenzaría a producirse el genocidio contra el pueblo armenio, que se prolongaría hasta 1923, por el gobierno de los jóvenes turcos, en el imperio otomano.

Entre uno y dos millones de civiles armenios habrían sido perseguidos y asesinados, a través de masacres brutales y de marchas forzadas con deportaciones que, en condiciones extremas, provocaron la muerte de muchísimos deportados. Y todo con el fin de exterminar la cultura y al pueblo armenio.

En una de aquellas marchas forzadas de los armenios por miles de kilómetros, atravesando áreas desérticas y en condiciones extremas, provocando la extenuación por cansancio, violencia, hambre y sed, se encontraba Komitas Vardapet.

Continúa el relato de la emisora de radio clásica, que escuchas mientras vas conduciendo el automóvil.

Komitas Vardapet va en una de aquellas marchas forzadas de condena y deportación, que configura una prolongadísima hilera. Junto a una curva o recodo del camino, se encuentra un asno.

El compositor armenio se sale de la hilera y se encamina hacia él. Lo abraza y contempla la paz y mansedumbre de sus ojos, que le devuelven el sentido del mundo, ante aquel sinsentido y aquella barbarie que está sometiendo y castigando a su pueblo y a él mismo. Y recibe un consuelo que lo lleva hasta las lágrimas.

Los vigilantes, con brutalidad, lo obligan a dejar a aquel asno y a regresar a la hilera.

Komitas Vardapet perdería la razón, tras presenciar y sufrir en carne propia el genocidio armenio de 1915, del que se encuentra entre sus mártires. Moriría en París, en 1935, en el hospital psiquiátrico Villejuif.

(dones)

Celso Lagar terminaría muriendo, pobre y solo, en Sevilla, gracias a una hermana que lo acogiera. Pero vivió en París, dedicado a pintar, desde 1911 hasta 1956. En tales años, recibiría algunos dones. Nunca sería un artista de primera línea, ni la celebridad lo acompañaría, como a otros. Qué más da.

Llegó a permitirse la osadía de proponer —en aquellos años en que todo lo que destellaba terminaba en «ismo»—, debido acaso a que de tal modo concibiera su propia pintura, el movimiento del planismo. Nadie lo seguiría.

Vivió en Montparnasse con otro desventurado, Amedeo Modigliani (1884-1920), pintor de fama póstuma y de vida muy breve. Compartirían ambos «un apartamento mínimo y miles de horas de bohemia, charla, vino y pobreza».

Aquel artista italiano, sacado de este mundo por la tuberculosis, realizaría, en 1915, un retrato al óleo de su amigo Celso Lagar, así como otro a lápiz en 1919, hoy este último en el museo suizo de Berna.

En abril de 1928, nuestro artista realizaría, junto con su esposa, la escultora belga Hortense Bégué, una exposición en la galería parisina Zboroswski, creada por Léopold Zboroswski, un poeta y marchante de arte de origen polaco.

Y, tras los dones de los retratos que de él realizara Modigliani, recibiría uno más: Max Jacob escribiría el texto del humilde catálogo apaisado de la indicada exposición, con el título de «Algunas palabras a propósito de Lagar y de Hortense Bégué»; dedicando un aparatado a cada uno de los miembros de aquel matrimonio de artistas.

Entre los párrafos que Max Jacob dedica a la pintura de Celso Lagar, podemos leer:

«Aquí hay un pintor en el alma y en el corazón, en los ojos y en el espíritu». «Pinta lo que ama y ama lo que pinta, y pone en ello el ardor de una comprensión nutritiva y sagaz». «¡Lagar es un español! El folclore de sus antepasados tiene la alegría gruesa y esplénica de Plauto, la amargura psicológica del cordobés Séneca, el sentido artístico innato de los japoneses, el perfil múltiple de los héroes rusos». «Lagar es un artista popular (aquí hay uno, ¡al fin!) porque sabe sacrificar una inmensa cultura para serlo».

Pero, a final de enero de 1956, Celso Lagar ingresaría en el asilo parisino para enfermos mentales de Santa Ana. Su estancia en él, a lo largo de más de cuatro años, originaría una deuda de 75.000 francos, que la Asistencia Pública francesa se cobraría mediante una subasta de óleos y dibujos del artista, celebrada en París en junio de 1962.

La locura se llevaría al artista mirobrigense, que naciera en 1891. Pero se iría de este mundo habiendo recibido también muy hermosos dones: su bellísima pintura, en primer término; el amor de la escultora Hortense Bégué; los dos retratos que le hiciera Modigliani; y el texto tan conciso como elocuente de Max Jacob.

Que no es poco.

(órganos)

Escuchas: el organista y compositor Jehan Alain (1911-1940) recorría en su juventud (la única edad que viviera) las iglesias de los pueblos de Francia en las que hubiera órgano. Tanteaba el instrumento, se familiarizaba con él y componía para cada uno de tales órganos una pieza musical.

De ese amor por la tierra y la música, quedan unas partituras, que habitan el silencio y resucitan en cada interpretación.

El compositor se iría de este mundo, ay, a los veintinueve años, muerto en acción de guerra cerca de Saumur.

Sobre la interpretación de *letanías*, su obra más celebrada, llegaría a decir:

«Debes crear una impresión de encantamiento apasionado».

«La oración no es un lamento, sino un tornado devastador, que aplasta todo a su paso. También es una obsesión. Debes llenar los oídos de la gente con ella, ¡y los oídos de Dios también! Si llegas al final sin sentirte agotado no lo has entendido ni lo has tocado como yo quisiera».

(Alipio)

Un atardecer invernal. Recorres algunos pueblecillos de la Sierra Mayor, en busca de esa memoria de las culturas campesinas, en la que te hallas empeñado, desde hace ya lustros. Un sol melado lame con su lengua invisible el rostro del mundo.

Un hombre anciano, jovial y risueño, al que encuentras por el camino, junto a las tapias del camposanto, vuelve al pueblo con sus vacas. Su rostro, trabajado por las labores y los días, por todos los fenómenos atmosféricos de las distintas estaciones y a lo largo de los años, ha adquirido una rara belleza, que no parecería humana.

Trabáis conversación. Te regala su nombre, tras un rato de charla: —Alipio. Un antropónimo hoy desusado, pero tan acorde con la tierra en que habita. Te atreves a pedirle otro regalo: unas fotografías. Te concede el capricho.

Cuando las revelas, al cabo de algunas semanas, la miel solar aparece invistiendo el rostro y la figura toda de Alipio de una belleza antigua y el tiempo absolutamente humanizada y próxima.

Y guardas la memoria de ese ser, al que recuerdas con frecuencia, y de esas imágenes que de él obtuvieras por medio de la cámara fotográfica. Su vuelta a casa con sus ganados tiene algo de odiseico, pese a ser una tarea para él cotidiana.

Pero este último verano te lo has vuelto a encontrar, no porque lo buscaras, sino de un modo fortuito. Hablabas en la localidad de Alipio con un anciano; una localidad animada por la presencia de veraneantes, pese a estar casi despoblada durante todo el año.

Le preguntas por Alipio, al que un día conociste, con quien conversaste y al que le hiciste algunas fotografías. Y, nada más terminar de pronunciar tus palabras, te dijo:

—Mire, ahí mismo viene, ¿no lo ve?

Avanza por la acera, procedente acaso del campo, con unas indumentarias humildísimas, un anciano enjuto y muy escuálido, de una baja estatura y con una expresión seria en el rostro.

—¿Es usted Alipio? Buenas tardes.

Y le recuerdas el episodio del antiguo encuentro, de la conversación trabada y de unas fotografías. Nunca lo había olvidado, te replica. Y, de nuevo, logras realizar nuevas fotografías, esta vez a ambos ancianos. Pero algunas de ellas las empleas en recoger y documentar el rostro y la figura de Alipio.

Al cabo de unos días, vuelves al pueblo, a llevarle el regalo tanto de las fotografías antiguas que le sacaras, como de las recientes. No se conmueve externamente al contemplarlas. Alipio encarna la figura de ese campesino español, senequista y estoico, que asume como sin importarle las inclemencias del existir.

Cuando lo despides, en el camino de regreso hacia tu localidad —otro pequeño itinerario odiseico, como habrás realizado tantos a lo largo de tus andanzas vitales—, acuden a tu mente las reflexiones de Walter Benjamin sobre el retrato fotográfico, que vas desgranando, a medida que transcurren los kilómetros.

«En modo alguno es casual que en los albores

de la fotografía el retrato ocupe un puesto central. El valor cultural de la imagen tiene su último refugio en el culto al recuerdo de los seres queridos, lejanos o desaparecidos. En las primeras fotografías vibra por vez postrera el aura en la expresión fugaz de una cara humana. Y esto es lo que constituye su belleza melancólica e incomparable».

Sabes que los retratos fotográficos que has realizado a Alipio —este anciano campesino a punto de abandonar este mundo—, tanto el de hace tiempo, con el fulgor de la sonrisa, como en el de este mismo verano, con una decrepitud serena en su mirada, poseen ese valor cultual, conservan el aura de un ser que pasó por este mundo y, ay, se hallan impregnados de esa belleza melancólica e incomparable a la que el pensador judío aludiera.

(los territorios perdidos)

Cuando había caminos que recorrer. Cuando viajar era una aventura hermosa y, al tiempo, marcada por el azar. Cuando partir suponía adentrarse en el reino de las incertidumbres, de los peligros, de las amenazas, de los encuentros inesperados. Cuando había caminos…, eran necesarios los dioses viales, para invocarles protección, para solicitarles su amparo.

Junto a los puentes, se erigían templos dedicados a tales dioses. Eran visitados por los viajeros que habían de atravesarlos. Se detenían en ellos. Y, al tiempo que salmodiaban su oración, depositaban alguna ofrenda, para ganar el favor de tales dioses viales. Uno de tales templos pervive aún junto al puente romano de Alcántara, en el corazón de Extremadura y no muy lejos de las tierras lusas.

Cuando los dioses viales desaparecieron, con la caída del mundo antiguo, el cristianismo sustituyó aquellos templos que se les dedicaran por ermitillas levantadas sobre las ruinas de aquellos.

Y surgirían las nuevas advocaciones. San Marcos, junto al puente de la Redonda, en tierras salmantinas de la Huebra, para sortear las aguas de un regato; o la Virgen del Carmen, junto al puente que, sobre el Tormes, conduce a la villa de Ledesma.

Y, en determinados momentos del año, en torno a tales ermitillas, se realizaban romerías, en las que se congregaban las gentes comarcanas, con sus ropas de fiesta, con las policromías de su júbilo, con los abrazos de los encuentros, con los movimientos rítmicos de los bailes y danzas…, como un ofrecimiento a los dioses del tiempo cíclico, cuando es posible abandonar las rutinas y quehaceres, para entregarse de modo intenso a las celebraciones y a los ritos.

Y aquellas ermitillas junto a los puentes —hoy ya muchas en ruinas, ay, como le ocurre a la de San Marcos— solían contar con ermitaños que difundían aquellas devociones campesinas por las localidades de la contorna. Una figura ya hace tiempo desaparecida.

Sobre el de la ermita de San Marcos, junto al puente de la Redonda, dice la respuesta que se diera, a mediados del siglo XVIII, a una de las preguntas de un cuestionario regio: «Hay un pobre de solemnidad, que solo se mantiene con la limosna que junta con la estampa del señor San Marcos, de quien es ermitaño».

Y hemos de imaginar a tal ermitaño o santero recorriendo las localidades, dando a besar a las gentes la estampa manoseada del santo, que transportara acaso en alguna hornacina o capillita colgada al cuello, y recibiendo a cambio mendrugos de pan, trozos de tocino o de morcilla o de chorizo de segunda o, también, algún patacón de escaso valor dinerario.

Porque también por aquellas estampas de los dioses viales que el cristianismo sustituyera por los antiguos paganos las gentes se sentían protegidas.

LA CASA SOSEGADA

estando ya mi casa sosegada

Juan de Yepes

Te encuentras en la alcoba de la memoria. Te acompañan el crucifijo, con el rostro del Cristo tapado por la concha, así como los cuadros de Nuestra Señora de Valdejimena, abogada contra la rabia o hidrofobia, y de San Jerónimo penitente en el desierto, con el león a su lado, uno de los abogados para la buena muerte.

Es el momento del anochecer. Has traspasado el umbral de la noche. Todo se va aquietando. Poco a poco, van cesando los ruidos, de modo sucesivo e imperceptible. Y, entonces, adviene el silencio. Te sosiega. Rezas con tu abuelo las oraciones; esas fascinantes historias sagradas, como regalo de la niñez.

Y apagáis la luz eléctrica, accionando la pera, en el extremo de un cable blanco enredado en el catre.

Y todo queda oscuro. Os adentráis en el silencio. En espera de un sueño que os transporta a otros mundos.

Y, entonces, el murmullo del agua del caño de la fuente, con su incesante manar, llega hasta vosotros, como canción de cuna, como ocurre cada noche. Como rumor capaz de adormeceros y de llevaros hasta el umbral de esas ensoñaciones que nos advienen sin pretenderlo y de las que, casi siempre, nos olvidamos.

Pero hay otro rumor, ¿incesante?, otro manadero de palabras, que vienes escuchando, desde niño hasta hoy mismo, como himno o relato, que verbaliza el misterio y la fascinación del existir y que —como indicara Jorge Luis Borges sobre el poema— «es inagotable / y se confunde con la suma de las criaturas / y no llegará jamás al último verso / y varía según los hombres».

La casa se sosiega. Y las palabras se adentran en las «secretas galerías» del alma y del misterio…

CODA

Cuando entra uno en contacto
con el alma se convierte uno
en un ser tan sencillo
como un niño.

*

Óscar Wilde

Colección
DE LA BELLEZA